AF267086

CHERBOURG

C'EST LA PAIX.

CHERBOURG

C'EST LA PAIX.

PARIS

GARNIER FRÈRES, LIBRAIRES

PÉRISTYLE MONTPENSIER.

1858

I.

Nous sommes à la veille et dans l'attente d'un grand
événement, d'une solution décisive; chacun a la conscience,
chacun éprouve le pressentiment et le besoin d'un ordre nouveau et bien défini, de quelque chose qui tranche
toutes les difficultés et rassure tous les intérêts, qui dis-
sipe toutes les craintes et ouvre la voie à toutes les espérances, qui affermisse tous les droits et rende possibles
tous les progrès. Ce quelque chose, ce *desideratum* in-

connu, nous le demandons tour à tour à tous les points de l'horizon. Les congrès se réunissent, les souverains se visitent, et les peuples tournent successivement leurs regards vers Londres, Paris, Osborne, Stuttgard et Cherbourg, attendant avec anxiété le mot qui doit sortir de ces réunions diplomatiques, de ces conférences pleines de mystère, de ces entrevues princières, de ces visites de souverain à souverain, où ils savent que leur sort s'agite.

Et chaque fois leur impatience est trompée, leur incertitude persiste, leurs inquiétudes augmentent, leurs souffrances s'aggravent.

Aujourd'hui le conseil amphictyonique des nations est de nouveau assemblé, la rade de Cherbourg devient la salle des délibérations, et le point central vers lequel se portent les regards et les espérances de l'Europe civilisée.

Tous les symboles de la guerre et tous les symboles de la paix se trouvent là réunis ; mais les premiers semblent ne demander aux seconds que le pardon et l'oubli, et ne leur offrir leur appui que pour assurer la sécurité de nos conquêtes et de nos progrès.

Les pavillons des diverses nations, étalant sur l'azur de l'Océan étonné l'arc-en-ciel de leurs mille couleurs et de leurs longues banderoles ;

Les canons de la *Bretagne* s'abouchant avec ceux du *Royal-Albert*, comme pour échanger à voix basse de graves confidences ;

L'Empereur des Français, — au milieu de sa formidable et magnifique marine, — ayant auprès de lui sa noble et gra-

cieuse compagne, l'ornement de son trône, le sourire de
sa puissance, le Prince Impérial, promesse et espoir de
l'avenir, et son Impérial cousin, défenseur-né de ce trône
et de ce berceau, protecteur assidu de toutes les nobles et
libérales aspirations de l'esprit national ;—entouré de ses
amiraux et maréchaux, chefs et représentants de nos
puissantes armées de terre et de mer, dont chaque nom
se lie au souvenir d'une gloire conquise, d'un service
rendu aux nationalités, d'une justice accomplie, d'une
injure vengée ;—accompagné de ses ministres, des grands
dignitaires de l'État et des chefs vénérés de notre religion,
dont chaque nom rappelle un acte de notre vie nationale,
un de nos droits, une de nos croyances ;

La Reine des Trois-Royaumes, — venant ajouter par sa
présence à l'éclat, à la joie, à l'orgueil de ces fêtes françaises, pleine de confiance et suivie de ces superbes vaisseaux
dont le lieu de réunion et de repos est à Plymouth, mais
dont le champ d'activité et de gloire est partout ;—ayant
à ses côtés les membres de sa famille bien-aimée, ses principaux ministres et son Parlement, qui presque entier
a voulu lui faire cortége ;

Enfin les plénipotentiaires de la Conférence de Paris,
jurisconsultes des nations, qu'un travail ardu retient depuis si longtemps, et qui, dans une séance solennelle,
tenue dans l'entrepont d'un vaisseau, semblent venir demander un suprême conseil aux canons endormis et aux
haches d'abordage suspendues ;

Et jusqu'à ce nom de Cherbourg, — Cherbourg, la ville
de guerre dont Napoléon Ier voulait faire une menace pour
nos voisins, et què Napoléon III a voulu rapprocher de

Paris, la ville de la paix, la ville hospitalière, la ville de tous les arts, de toutes les sciences, de toutes les intelligences :

Tout, dans ce spectacle grandiose, étrange, inouï, inexpliqué, n'est-il pas fait pour ramener dans l'esprit et dans les discours des peuples cette pensée sereine, cette consolante espérance d'une pacification générale, définitive, inébranlable ?

Les sociétés modernes, fondées sur le travail et organisées pour le progrès, préfèrent la paix à la guerre ; mais l'incertitude les tue aussi bien que le fléau lui-même. Avec elle, tout le monde est vaincu et il n'y a pas de vainqueur. Mieux vaudrait encore une large blessure que cette fièvre lente de l'inquiétude qui les ferait mourir de misère, d'inanition et de honte.

En France, en Angleterre, les capitaux s'accumulent, les Banques regorgent de numéraire, les matières premières s'entassent sur les marchés, nos récoltes sont plus que suffisantes, et cependant le commerce languit, l'industrie s'endort, le travail chôme, la misère s'accroît. Le sang abonde partout ; il ne circule nulle part.

Cet affaissement des esprits et des affaires n'est-il pas la conséquence forcée de cette situation équivoque qui n'est ni la paix ni la guerre, et qui réunit à tous les inconvénients d'une paix mal assise tous les désavantages d'une guerre mal déclarée ?

Le doute, les indécisions ont assez duré. Il faut que la paix, qui existe, reçoive à Cherbourg son achèvement et sa consécration nouvelle ; il faut aujourd'hui que les grandes puissances, renonçant à toute réticence, abandonnant toute arrière-pensée, unies dans un commun effort vers le même but, dégagent les dernières conclusions de la paix et lui fassent produire ses dernières conséquences.

Le repos, la prospérité et la dignité de l'Europe sont à ce prix.

II.

Les alliances des peuples ne dépendent pas, les événements l'ont assez prouvé, d'un caprice de souverain, d'une union princière, d'un mariage forcé ; elles ne peuvent même pas dépendre d'une fiction diplomatique, d'un mensonge calculé par la ruse ou imposé par la force ; en un mot, elles ne peuvent s'établir sur aucune compression de la vérité. Leurs amitiés ou leur hostilité sont la conséquence inévitable et la déduction logique des ressemblances ou des discordances qui existent entre les idées que ces peuples représentent.

« Dis-moi qui tu hantes, je te dirai qui tu es. »

Ou mieux encore, en renversant les termes de cette maxime véridique : Dis-moi quels sont tes principes, tes intérêts, ton but, ta foi, ton ambition, et je saurai quelles devront être tes alliances. Les idées gouvernent le monde, et un jour viendra, qui n'est pas loin peut-être, où les lois qui régissent la politique humaine nous seront connues d'une façon aussi claire et aussi précise que le sont celles qui régissent l'ordre de l'univers matériel. A partir de ce jour, beaucoup de sang pourra être épargné, ou du moins le sang versé ne sera plus du sang perdu.

Jetons un regard sur notre vieille Europe. Tout y est fait, tout y est préparé pour la paix. Un même désir, une même foi, une même ambition, y animent les peuples : le progrès, le progrès pacifique, le progrès par le travail et la civilisation ; nous verrons bientôt que les mêmes intérêts doivent aussi les pousser vers ce but commun. La guerre ne pourrait donc provenir que d'une erreur, d'un malentendu, d'une résistance envieuse et jalouse contre ces tendances de tous, d'un crime, enfin, d'un crime inintelligent et absurde comme tous les crimes.

Les préjugés nationaux, les haines séculaires, sont tombés. La révolution française, — période glorieuse et sinistre, sombre et éclatante, pleine d'éclairs et d'obscurités, époque encore trop mal comprise, où chacun trouve ses saints et ses bourreaux, qui fut tout à la fois la secousse terrible qui ébranla la charpente vermoulue des vieux empires et l'éruption volcanique d'où devait sortir le monde nouveau, — la révolution française, en mettant violemment en question les nationalités, les obligea à chercher leur raison d'être et à s'étayer de leurs vrais principes. Devant les bandes conquérantes de la République, devant les armées disciplinées de Napoléon Ier, devant ce drapeau tricolore qui voulut flotter sur toutes les capitales et se montrer à tous les peuples, l'Europe, surprise et terrifiée, courut aux armes et se coalisa. La France, vaincue, mais non domptée dans ce duel où, seule, elle avait tenu tête à tous, dut rentrer dans ses frontières ; mais elle avait déposé dans le sol labouré par ses canons des idées qui, pour germer, n'avaient besoin que de quelques années de repos, de paix et de lumière.

Elle avait prononcé des mots magiques qui ne s'oublient pas : Patrie et liberté pour tous, égalité des droits, fraternité des hommes et des peuples. D'ailleurs, dans cette mêlée générale, les peuples s'étaient vus face à face, ils s'étaient interrogés, et, en versant leur sang, avaient appris à se connaître. Les vainqueurs furent obligés, par raison et par prudence, d'adopter la devise des vaincus. Dans la conscience publique, une question avait été jugée et résolue ; désormais l'Europe civilisée ne reconnaîtrait plus qu'une seule autorité,—la justice ; qu'une seule puissance,—le travail ; qu'un seul but,—le progrès matériel, intellectuel et moral, en d'autres termes, le bien-être et l'expansion de la lumière pour tous.

Néanmoins, l'heure de la pacification définitive, de l'union intime et indissoluble de tous les éléments européens n'était pas encore arrivée. La plupart des gouvernements crurent devoir résister à cette grande idée de progrès universel, de paix générale, qui n'émanait pas d'eux et qui, par cette cause même, leur semblait une menace. Mais aujourd'hui cette résistance a presque disparu, et l'on peut même dire que la plupart des gouvernements se sont faits, franchement et loyalement, les champions avoués, les propagateurs zélés du progrès aussi bien au dedans qu'au dehors de leurs domaines.

Quant à ceux qu'un aveuglement funeste maintient dans la voie de la résistance, il n'y a pas lieu de s'en occuper. Le progrès est la loi universelle; qui ne progresse pas, périt. Les nations stationnaires attendent la mort; les peuples rétrogrades vont au devant d'elle et rentrent dans le néant : on ne doit songer qu'à leurs funérailles.

Mais, parmi les nations qui veulent vivre, et par conséquent progresser, toutes ne pouvaient marcher du même pas, et leur vitesse allait dépendre de leurs conditions organiques particulières.

L'Angleterre, puissance avant tout commerciale et industrielle, s'était déjà depuis longtemps emparée, sinon des idées mêmes, du moins des procédés que ces idées sous-entendent et doivent employer. Resserrée en d'étroites et infranchissables limites, elle avait été forcée, par l'insuffisance de son sol, à donner une grande extension à son industrie manufacturière; la production illimitée de ses usines l'avait mise dans l'obligation de se créer une marine puissante, un commerce infatigable, et de s'ouvrir tous les marchés et tous les débouchés possibles. D'un autre côté, reposant sur un sol riche et admirablement cultivé, ayant su laisser une forte organisation à son aristocratie territoriale, cet élément conservateur, elle put sans crainte accorder une grande initiative à la fortune mobilière, cet élément libéral, cet instrument d'affranchissement et d'émancipation. Grâce à ce concours de circonstances et de nécessités, l'Angleterre put se présenter au monde comme la nation initiatrice et civilisatrice par excellence; ayant à expédier dans l'univers entier ses ballots de marchandises, elle y envoya aussi, par la même occasion, ses bibles, ses feuilles politiques et ses modèles de constitutions. Croyant n'avoir rien à redouter des révolutions chez elle, elle aurait consenti à laisser l'incendie embraser les quatre coins du monde, si cet incendie avait dû ouvrir un nouveau port à son commerce ou faire tomber une barrière douanière.

La certitude fut bientôt acquise que, si pour l'Angleterre le progrès et la liberté étaient le prétexte, si le commerce et l'échange international étaient les moyens, le seul et véritable but qu'elle poursuivait était son intérêt étroit, égoïste, exclusif. Ses marchands conquéraient des empires, mais c'était pour les mettre en actions, pour les exploiter, pour les écraser. Possédant tout ce qu'il fallait pour porter la civilisation chez les peuples et pour la leur faire aimer elle la leur fit détester.

Avant même que l'insurrection indienne fût venue forcer l'Angleterre à réfléchir, un autre événement aurait dû lui ouvrir les yeux et lui faire abandonner son système vicieux et réprouvé par notre époque. Elle avait fondé, sur les bords de l'Atlantique, une Angleterre nouvelle; elle l'avait peuplée de ses enfants, et cet empire semblait appelé à jouer dans le Nouveau-Monde le rôle que la mère-patrie aurait pu, si elle l'avait voulu, remplir dans l'ancien. Son mercantilisme outré lui a fait perdre cette possession, et dans la guerre de l'Indépendance que le peuple nouveau eut à soutenir contre ses ancêtres devenus ses oppresseurs, nous voyons déjà la France, préludant aux grands principes de sa politique moderne, n'attendant même pas de les avoir appliqués chez elle, courir au secours de la liberté opprimée, de la justice violée, du progrès compromis. Lafayette et Rochambeau deviennent les compagnons d'armes de Franklin et de Washington, et le traité de paix, qui servira d'acte de naissance à la jeune République américaine, viendra se signer à Versailles le 3 septembre 1783.

La Russie se présentera dans le concert européen comme pour y servir de contrepoids et de résistance à la vitesse acquise de l'Angleterre. Puissance uniquement établie sur l'exploitation agricole et la féodalité territoriale, elle n'a encore que des vassaux et des esclaves; son agriculture en est au servage du travailleur, et son gouvernement à la forme militaire, despotique et autocratique. Ignorant encore la richesse industrielle, commerciale, mobilière, elle n'aura aucun désir, on pourrait presque dire aucun besoin de liberté; elle ne recherchera que l'autorité, mais l'autorité extrême, rigoureuse, immuable comme la pierre qui borne un champ de blé. Aux armées de marchands et d'émissaires révolutionnaires que l'Angleterre répandra dans le monde, elle opposera des hordes de Cosaques farouches. L'Angleterre, n'ayant en vue que ses intérêts manufacturiers, prêchera au besoin la fraternité des peuples, et déclarera la guerre à la douane des idées pour arriver plus sûrement à l'abolition de la douane des marchandises; la Russie, qui n'a aucune industrie à protéger, fermera ses ports à tous les produits exotiques, de peur de laisser pénétrer une idée de provenance douteuse, et s'imposera toutes sortes de privations matérielles, de peur d'exposer sa puissance autocratique à une comparaison, à une invasion libérale, à un danger.

Jusqu'ici, on le voit, nous sommes loin d'arriver à une entente, à une fusion ; mais aussi nous n'avons fait qu'évoquer les souvenirs du passé, que saisir les derniers bruits d'un ordre de choses disparu ou destiné à disparaître. Qui donc se placera à la tête du mouvement? Qui donnera l'impulsion et la direction? Qui donc mettra l'accord entre ce matérialisme mercantile et ce matérialisme militaire, tous les deux également injustes, despotiques, cruels et oppresseurs? Quel est le principe supérieur qui, sans les vaincre, saura les absorber, les unir, les transformer, les spiritualiser ? Quelle est la force qui attirera à elle, pour les utiliser au profit du progrès, de la liberté et de la civilisation, ces forces hostiles et disparates, sans avoir à les briser, et en se bornant seulement à les élever et à les convertir?

Peuples, qui suivez d'un regard inquiet l'incessant va et vient des vieux diplomates et les pèlerinages pompeux de vos princes, de vos rois, de vos reines, de vos empereurs, écoutez et comprenez; il s'agit de vous et de vos frères !

Souverains, qui trouvez dans l'affection de vos peuples

le soutien de votre autorité et la récompense de vos royaux services, les générations attendent de vous un nouveau bienfait, un nouvel acte de courage, de patriotisme, de civilisation.

Et vous surtout, qui sentez le sol trembler sous vos pas, dont le trône chancelle et la couronne vacille, l'occasion vous est offerte de consolider votre trône, de raffermir votre couronne en entrant dans la ligue sainte : *Intelligite et erudimini.*

Ce que la France révolutionnaire de 1789, de 1793, de 1802 et de 1805 avait essayé de vous imposer à l'heure prématurée et d'une façon violente, la France démocratique de 1858 vous propose de le réaliser vous-mêmes avec elle, librement, pacifiquement, sans précipitation, sans impatience; et, dans cette commune association, où les bénéfices seront égaux, elle ne réclame pour elle qu'une plus large part d'efforts, de travaux et de dévoûment.

De 1815 à 1848, la France s'est traînée dans l'ornière où l'avait rejetée sa défaite de 1815. Mais ce temps, elle l'a mis à profit; elle l'a employé à guérir et à oublier ses blessures. De ses triomphes et de ses revers elle n'a conservé ni vanité, ni rancune; elle a rejeté le souvenir du mal qu'on lui a fait et n'a gardé que le souvenir du bien qu'elle voulait faire.

Pays de richesse territoriale et de travail industriel, de propriété foncière et de fortune mobilière, elle a un besoin égal d'autorité et de liberté ; elle peut tendre la main à la Russie et à l'Angleterre, pour les amener l'une vers l'autre et pour les élever jusqu'à elle.

Après les désastres de 1815, sous une dynastie qui ne lui rappelait que la défection de la victoire et la volonté de l'étranger, la France dut assister à une tentative de restauration du régime ancien. D'ailleurs cette restauration, ce temps d'arrêt, ce pas en arrière étaient jusqu'à un certain point nécessaires ; bien des choses trop profondément ébranlées par le flux et le reflux de la vague révolutionnaire demandaient à être raffermies. Pendant toute cette période, elle fut forcément, logiquement, l'alliée et la subalterne de la Russie stationnaire, rétrograde, féodale.

En 1830, un nouvel ordre de choses surgit, et la France dut changer ses alliances. La dynastie de juillet établit la prédominance de l'élément industriel, financier, commercial, manufacturier, *bourgeois*, sur l'élément féodal, territorial, *aristocratique*, et la France devint forcément et logiquement l'alliée et la subalterne de l'Angleterre manufacturière, mercantile et soi-disant libérale.

Dans cette alliance exclusive que la raison imposa à la France, et à laquelle son orgueil dut se soumettre, l'Angleterre, il faut en convenir, ne lui épargna, en sa qualité d'aînée, ni ses aigreurs, ni ses jalousies, ni ses dédains.

Pour arriver à ne dépendre de personne, pour n'être plus à la remorque obligatoire de la Russie ou de l'An-

2

gleterre, pour avoir encore un rôle personnel et une place glorieuse à remplir dans le monde, la France n'eut qu'à rentrer en possession d'elle-même, à tirer la dernière conclusion de ses prémisses de 1789, à fonder la démocratie. La République de 1848 s'essaya à cette tâche. Les difficultés inhérentes à cette forme politique, la plus rationnelle peut-être, mais à coup sûr la moins aisée à mettre en pratique, et par-dessus tout l'inhabileté, l'inconsistance et l'orgueil des hommes de cette époque, rendirent cette tentative avortive et désastreuse. Le 2 décembre, instruit par le passé et mettant à profit les fautes de ses devanciers, fut plus heureux et réussit à constituer la France démocratique et libérale. (Nous disons libérale, et nous maintenons ce mot, sachant très-bien toutes les objections qu'il pourra soulever, parce qu'il représente pour nous une nécessité de l'Etat démocratique, nécessité dont des motifs exceptionnels et temporaires ont pu faire ajourner, mais dont rien ne saurait empêcher dans l'avenir la légitime satisfaction.)

En fondant une monarchie démocratique, la France évita tous les embarras extérieurs qu'aurait pu lui susciter une forme républicaine pure; elle prépara le terrain de conciliation où elle pourrait appeler à la fois la Russie et l'Angleterre. A l'une, elle put dire : je repose sur la base la plus large, la plus solide, la plus forte qui se puisse demander, huit millions de suffrages libres, convaincus, dévoués ; je veux la stabilité, mais non l'*immobilisme ;* je veux la conservation, mais non pas les barrières, les chaînes, l'isolement et l'esclavage des peuples. A l'autre, elle put dire : je repose sur la base la plus populaire, la plus

libérale, la plus progressiste qu'on puisse rêver, le suf-
frage universel, véritable, équitable, à scrutin secret, sans
bourgs-pourris et sans *poll*; je veux la liberté des peuples, mais sans secousse funeste, sans conquête subrep-
trice, sans exploitation usuraire. Et à toutes les deux elle
fut en droit de dire : je suis plus libérale et plus conservatrice que vous deux réunies, je suis la vérité ; je veux
la justice, le droit, la lumière pour tous. Qui veut m'imi-
ter me suivra ; je n'ai à aller ni vers l'une, ni vers l'autre ;
je n'ai qu'à vous attendre.

Ce rapprochement des deux nations vers la France ne
put, comme tous les rapprochements, avoir lieu que dans
le sang. La guerre de Crimée ne fut, à proprement parler, qu'une mise en demeure de s'expliquer et un prétexte
à sérieuse conciliation. La franchise, avec laquelle la
Russie accepta la paix et en exécuta les conditions, semble
prouver qu'elle a compris ce qu'elle gagnait à sa défaite et ce qu'elle devait à son vainqueur. Dans la voie
libérale et civilisatrice où elle entrait, elle fit tout ce qui
lui était demandé et tout ce qui était sous-entendu ; le
principe adopté, elle en tira elle-même les logiques et
loyales conséquences. Après avoir affranchi l'empire ottoman de ses menaces de conquête et du cauchemar pé-
riodique de ses invasions, elle résolut d'affranchir ses
paysans ; elle cessa de traiter la Pologne en province conquise, et conclut avec les nations des traités de commerce

qui furent l'inauguration de sa politique nouvelle, de son entrée définitive dans le mouvement européen et la preuve de sa bonne foi.

L'Angleterre seule crut devoir prendre l'attitude d'une puissance vaincue. Ce qu'elle déplora, ce ne fut pas, comme on l'a prétendu, le prestige de ses armes perdu; non, l'Angleterre, puissance avant tout maritime, sait bien que son domaine ne peut lui échapper, et que, sur ce champ de bataille qui s'appelle l'Océan et qui s'étend partout, elle pourra rencontrer des rivaux, mais difficilement des maîtres. Ce qu'elle déplora, ce fut un prestige bien autrement précieux, celui qui s'attache au protectorat dont le fort couvre le faible, à l'initiation que le peuple civilisé donne au peuple barbare. Désormais l'Angleterre ne serait plus seule à dire aux nations civilisées : Venez à moi, je suis la force, la sagesse, la civilisation, la liberté ; je vous apporte la richesse, le crédit, la lumière, le mouvement, la vie; livrez-vous à moi. Elle allait avoir à compter avec deux nations aussi fortes, aussi avancées qu'elle, et plus tard, peut-être, avec toute l'Europe ; sa force allait être contre-balancée, sa sagesse scrutée; la civilisation, qu'elle vendait si chèrement quelquefois, serait soumise à l'examen, au contrôle, à la comparaison. Et, chose la plus terrible de toutes, le monde étant ainsi ouvert à tous, ses marchands seraient exposés à voir affluer la concurrence étrangère sur ces riches marchés dont ils avaient jusqu'à ce jour gardé et exploité seuls le monopole.

Un homme, lord Redcliffe, prit à tâche de personnifier cette politique d'aigreur et de désappointement, qui, si elle était continuée, pourrait tourner à la confusion de l'Angleterre, et qui, déjà, l'a obligée à se tourner vers l'alliance de l'Autriche. Il est une chose dont les hommes d'Etat anglais doivent aujourd'hui bien se pénétrer, c'est que les peuples ont non-seulement besoin de cotonnades et d'opium, mais encore d'idées d'ordre, de justice, de dignité et d'honneur. Le rappel de l'ambassadeur anglais de Constantinople a pu être considéré comme un premier signe d'intelligence, et comme un assentiment et une première satisfaction accordée à l'esprit de la France. L'Angleterre n'a qu'à poursuivre dans cette voie pour racheter l'excès des fautes commises par elle en ces derniers temps.

La Russie est et sera longtemps encore la puissance conservatrice par excellence ; mais elle n'est déjà plus la puissance rétrograde d'autrefois. Son empereur comprend son siècle et les besoins de notre époque ; il est porté vers les alliances et l'esprit de l'Occident. De son côté, la France ne rêve plus de conquêtes personnelles, elle ne veut que des conquêtes larges, générales et généreuses, faites par la civilisation au profit de tous. A son tour, l'Angleterre ne doit-elle pas renoncer à exploiter à son bénéfice exclusif quelques idées de progrès matériel, industriel, commercial, et quelques faux semblants de progrès politique, intellectuel et moral ? La justice, aussi bien que la nécessité et son intérêt, le lui commandent.

L'heure de la fraternité de ces trois grands peuples est arrivée. Celui qui voudrait remonter le cours des âges et faire obstacle au courant serait infailliblement emporté, annihilé, perdu.

Lorsque les trois puissances auront signé leur pacifique

concordat, le grand livre des adhésions demeurera ouvert, et toutes les nations civilisées viendront à leur tour s'y inscrire. La place du Piémont, celles de la Belgique, de la Prusse, de la Suède, de la Norwége, de la Hollande, du Danemark, du Portugal, de la Grèce, y sont marquées d'avance; et l'Autriche elle-même, qui dans ces derniers temps ne sut jamais tirer ni enfermer complètement son épée, ne trouvant plus désormais de querelle à envenimer, de dissension à exploiter, viendra nous demander son admission dans la grande ligue européenne et comprendra enfin tout ce qu'une puissance peut gagner, sans agrandir ses frontières et en s'appliquant seulement aux réformes de son administration intérieure et à l'amélioration du sort de ses propres sujets.

III.

Il est rare qu'une force mécanique soit trouvée sans qu'elle rencontre immédiatement son application utile; de même, dans cette mécanique qu'on nomme la politique humaine, une force disponible semble toujours solliciter la naissance d'un nouveau besoin à satisfaire. A peine la triple alliance des trois grandes nations, préambule et assises de la future alliance européenne, nous est-elle démontrée possible, qu'elle nous apparaît comme nécessaire et indispensable, que son objet nous semble clairement indiqué et déterminé par les circonstances mêmes. Rapprochées désormais par l'unité de leurs vues, de leurs tendances, de leurs devoirs, et, nous le verrons dans le courant de cette étude, par la communauté de leurs besoins et de leurs intérêts, l'Angleterre, la Russie et la France ne vont pas tarder à se voir sollicitées dans un commun effort, et, certes, l'entreprise sera à la hauteur des forces auxquelles elle s'adresse.

Que les matelots anglais et français, debout sur les vergues, fassent trève un moment à leurs hourras d'allégresse; que les canons, tonnant aujourd'hui en signe d'amitié et de réjouissance, cessent un moment d'ébranler les plaines de l'Océan, et les flots rouleront jusqu'à nous de sinistres et déchirantes clameurs. Les échos douloureux de Delhi, de Luknow, de Gwalior, du Montenegro, de la Bosnie, de Belgrade, de la Canée et de Djeddah répondront aux joyeux échos de la rade de Cherbourg.

Cherbourg et Djeddah, tels sont les deux termes opposés du problème à résoudre : la barbarie en face de la civilisation.

Ici, l'ordre, la justice, le travail, le commerce, la liberté, la paix ; là-bas, l'anarchie, le fanatisme, le pillage, le viol, l'oppression, le meurtre, et, pour combler la mesure, le droit des gens outrageusement méconnu, les consuls de France et d'Angleterre indignement et lâchement assassinés. Nous étions allés au loin, bravant tous les dangers, conquérir à nos bienfaits des peuples auxquels nous avions dit : Soyez nos frères ! et voilà que la barbarie, comme une vague refoulée, se lève contre notre civilisation, et lui dit à son tour : Tu n'iras pas plus loin !

De Belgrade à Pékin, de Calcutta à Jérusalem, tout le sol est en feu, toutes les mers sont rouges de sang. Quel est le peuple d'Occident qui, prenant fait et cause pour la barbarie, osera nous conseiller de reculer ?

Nous ne chercherons pas un sauvage plaisir à refaire le récit navrant de ces scènes désolantes que l'Europe ne connaît que trop aujourd'hui. Nous ne voulons parler ni à nos terreurs ni à notre juste colère ; nous voulons nous borner à faire ressortir les graves obligations que ces faits nous imposent.

Lorsque nos pères, se levant à la voix de Pierre l'Hermite, et se laissant guider par leurs naïves croyances, voulaient que l'Europe n'eût qu'une seule foi et ne connût qu'un même but, ils n'obéissaient pas seulement à un devoir religieux, mais bien à cet instinct de conservation qui anime tout ce qui existe. Ils avaient le pressentiment des difficultés qui nous arrêtent, des dangers qui nous menacent, des crimes qui nous épouvantent. Ils savaient intuitivement que cette civilisation européenne qu'ils fondaient se trouverait, tôt ou tard, face à face avec cette barbarie asiatique, basée sur le droit du plus fort, hostile à toute émancipation, n'ayant que la science du néant et la puissance du mal ; ils prévoyaient qu'alors le duel entre les deux principes serait à recommencer, et, en prodiguant leur sang, pour vider le débat à son origine, ils voulaient épargner le nôtre.

Aujourd'hui, la question ne peut plus être ajournée. Nous aussi nous avons notre croisade à entreprendre ; mais, dans cette œuvre immense, nous aurons à tenir compte du temps écoulé et des progrès accomplis par nous-mêmes. Ce n'est plus une foi naïve, enthousiaste, impatiente, qui nous entraîne ; c'est la froide et calme raison, c'est une ardente et noble charité sociale. Nous n'allons plus conquérir et convertir par la flamme et le fer, nous

devons chercher à corriger et à civiliser, par notre commerce, nos mœurs et nos exemples. Notre ambition n'est
plus de renverser le Croissant ; le seul et le plus légitime
hommage que nous prétendions offrir au tombeau du
Christ consiste à revendiquer et à faire respecter les droits
qui, sous tous les climats, appartiennent à tous les
hommes.

Enfin, nos pères ne songeaient qu'à affranchir l'Europe
chrétienne des craintes que lui inspirait le voisinage de
l'Islamisme et à rejeter au fond de l'Asie, d'où elles ve-
naient, les troupes campées des infidèles ; leurs descendants
prendront un champ plus vaste, et, jusqu'à un certain
point, une tâche plus facile. Nous irons implanter la civilisation dans toute l'étendue de cette Asie qui ne nous a
encore montré que ses fléaux, ses reptiles et ses monstres
à face humaine.

Le plan ainsi agrandi, les moyens doivent changer ; ce
n'est plus à une simple et brutale conquête qu'il nous
faut penser, c'est un large et équitable protectorat qu'il
nous faut organiser. L'union intime et l'alliance loyale de
toutes les puissances européennes nous en donneront le
pouvoir ; la civilisation nous en donne le droit.

IV.

Nous avons vu les peuples tourner leurs regards vers
la rade de Cherbourg et demander aux détails de ces fêtes
nationales un indice révélateur des destinées du len-
demain.

Nous avons vu les trois grandes puissances de l'Occident réunies dans une communauté de vues, de tendances et de devoirs, et nous avons prévu le moment où
toutes les autres puissances européennes viendraient, à
leur tour, apporter une force et chercher un appui auprès
de ces grandes colonnes de l'ordre social moderne. En
face de cette unité, de cette harmonie, il nous eût été permis de nous laisser aller au charme de ces vastes horizons
pacifiques, et nous avons été tentés de nous écrier : Ele-
vons ici notre tente, et que la paix ne cesse de régner
parmi nous.

Mais à l'aspect de la force immense que la réunion de
ces peuples représentait, nous avons compris qu'un immense devoir nous serait imposé. Pour que l'erreur fût
impossible, l'ordre providentiel, qui mesure les effets et
les causes et donne à l'homme sa tâche de chaque jour,
s'est manifesté à nous par des signes non équivoques. Au
moment où ce cri d'allégresse et de paix allait s'échapper
de notre poitrine, une immense clameur s'est élevée, le
ciel de l'Orient s'est embrasé, et nous avons dû reconnaître que notre œuvre n'était pas terminée, que de nouvelles destinées, que de nouvelles luttes nous étaient ré-
servées.

Cette protection que l'Orient nous demande par la voix
de ses victimes aussi bien que par la voix de ses bourreaux est encore, il ne faut pas s'y méprendre, une œuvre
pacifique. Le bras de la civilisation, en s'étendant sur la
barbarie, devra peut-être avoir recours au glaive, mais
ce glaive est celui qui brille aux mains de la justice. Il
rassure les peuples et ses blessures sont fécondes. Notre

ignorance, nos erreurs, nos convoitises, nos passions pourraient seules changer cet effort fraternel en lutte fratricide.

A ce mot de protectorat, bien des ambitions, bien des jalousies se sont réveillées, et nous avons compris les craintes vagues dont l'Europe était tourmentée.

Dans ces peuples à instruire, à moraliser, à civiliser, nous n'avons vu trop souvent que des peuples à dominer, à écraser, à exploiter ; dans ces empires à transformer et à consolider en les transformant, nous n'avons voulu voir qu'un riche héritage à nous partager et à nous disputer.

Pour nous réserver un bénéfice particulier, nous n'avons pas craint de retarder et de compromettre un bienfait général ; plutôt que de consentir à voir l'œuvre de bien accomplie par plusieurs, nous en sommes venus à mettre en doute le mal et à prêcher l'expectative ; et, comme les mauvais arguments ne manquent jamais aux plus déplorables causes, les fictions juridiques, les mensonges diplomatiques, les sophismes de toute espèce, ne nous ont pas fait défaut.

V.

Couché sur les deux rives du Bosphore, étendant ses vastes domaines en Europe et en Asie, sollicité par le courant de la civilisation vers l'Occident, et rappelé en sens inverse par la barbarie orientale, recrutant ses ulé-

mas à la Mecque et ses ingénieurs à Londres et à Paris,
un empire magnifique se trouve aux prises avec toutes les
difficultés de cette situation complexe. Marcher en avant
ou revenir en arrière serait pour lui chose également difficile ; et son gouvernement, animé des meilleures intentions, en est réduit le plus souvent à demeurer le triste
spectateur de ces luttes, qu'il ne peut ni prévenir ni réprimer.

Naguère un puissant voisin voulut, en jetant son épée
dans la balance, faire cesser cette cruelle indécision et
mettre **un** terme à ces déchirements. L'Europe se leva
avec raison contre cette arrogante prétention ; au prix des
efforts les plus douloureux et du sang versé, elle fit pré-
valoir cette doctrine, que la justice, qui, dans les empires, appartenait à la collectivité des individus, devait,
dans le règlement des choses internationales, appartenir
à la collectivité des nationalités. La Russie fut repoussée
et l'empire ottoman fut maintenu.

Mais un bienfait oblige autant qu'un service. En ren-
dant à la Turquie le poids de son indépendance, l'Europe
a assumé l'obligation de lui donner la force qui justifie
l'indépendance et la rend profitable ; en la délivrant des
attaques extérieures, elle s'est engagée implicitement à
lui donner les moyens de vaincre ses éléments de discorde
intérieurs ; tout comme en acceptant son salut, la Turquie s'est obligée à la reconnaissance. Et cette reconnaissance, elle n'a qu'un moyen de la prouver, c'est de s'en
montrer digne.

Nous croyons que ces obligations ont été comprises

théoriquement de part et d'autre. Ne saurons-nous pas les réaliser?

La Turquie, sur une population totale de 35 millions d'habitants environ, compte 20 millions de sujets asiatiques et africains, et 15 millions de sujets européens. A ces différences d'origine viennent s'ajouter les différences de religion. Parmi ses 15 millions de sujets européens, 12 millions appartiennent au christianisme; l'islamisme n'est représenté que par un chiffre de 3 millions. En Asie, la situation est inverse : 3 millions de chrétiens se trouvent perdus au milieu des masses mahométanes.

Dans cette diversité d'intérêts opposés, de préjugés hostiles, de fanatismes réciproques, l'action gouvernementale rencontre à chaque pas des difficultés nouvelles, et tout acte de justice menace de faire un nombre égal de mécontents. Que la Sublime-Porte promulgue une charte commune, donnant des droits égaux à tous ses sujets, les chrétiens d'Europe n'y verront qu'une tardive et incomplète réparation ; le mahométisme d'Asie n'y verra qu'une lâche faiblesse, qu'une abdication arrachée par la violence, qu'une insulte à sa croyance. Et, de part et d'autre, les concessions engendrant des désirs plus grands ou des regrets plus farouches, l'irritation s'accroîtra, et le sang coulera par le fait de la révolte ou de l'intolérance.

Cette situation est tellement difficile, que nous n'hésitons pas à dire qu'elle serait de nature à soumettre à de terribles épreuves nos hommes d'Etat européens les plus habiles et nos organismes politiques les mieux constitués.

Des guérisons radicales ont été proposées ; il ne s'agissait de rien moins que de tuer le malade. Mais ce système curatif offrait lui-même de graves inconvénients et, d'ailleurs, ne remédiait à rien.

En ouvrant une succession, il allumait les appétits de tous les collatéraux et mettait l'Europe en feu.

Le gouvernement qui aurait remplacé celui de la Sublime-Porte, se serait trouvé placé au milieu des mêmes difficultés, provenant de la diversité des races, des religions, des origines. Il n'aurait pu tirer sa force que du dehors; et alors, pourquoi refuser au sultan cet appui que l'on n'aurait pas pu se dispenser d'accorder à son successeur?

Enfin, une dernière raison, que l'on n'a jamais, croyons-nous, assez mise en lumière, nous paraît la plus sérieuse et la plus digne d'être prise en considération. Créer à Constantinople un empire chrétien et purement européen, c'est résoudre, si l'on veut, la question d'Orient en Europe; mais refouler l'islamisme au delà du Bosphore, c'est se fermer à tout jamais, peut-être, l'abord des riches et immenses contrées asiatiques.

Le gouvernement du sultan a appris à connaitre les bienfaits de notre civilisation, la puissance de notre commerce et de notre industrie; en Crimée, il a pu apprécier la force de nos armes, la justice de nos idées, la loyauté, la franchise, le désintéressement de nos intentions à l'égard des nationalités opprimées. Que ces conquêtes morales ne soient pas perdues. En admettant la Turquie dans le concert européen, nous avons fait, à notre insu, peut-être, et n'ayant en vue que de déjouer de trop ardentes convoitises, un acte éminemment politique; nous avons posé la pierre d'attente sur laquelle viendra s'appuyer l'édifice tout entier de la future civilisation asiatique; nous avons porté, dans l'avenir, un coup terrible à la barbarie, et ce résultat éloigné, mais assuré, doit nous interdire de regretter trop vivement les complications du présent devant lesquelles nous n'avons pas reculé.

Ce n'est qu'avec le secours des races originaires que nous parviendrons à conquérir définitivement l'Asie.

VI.

La nécessité de l'empire turc ainsi affirmée par tous, il ne restait plus qu'à en assurer la vitalité.

Dans tous les lieux où l'autorité du sultan n'était que nominative, partout où un vasselage lointain et indéterminé n'était qu'un prétexte à une oppression et à un désordre irresponsables, il fallait se hâter d'élever une organisation forte et bien ordonnée; ce voisinage d'un état ami et bien administré, en même temps qu'il eût opposé une barrière aux convoitises du dehors, aurait servi de modèle et d'initiation aux populations du dedans. Le progrès s'étend de proche en proche, il ne se transporte pas au loin et sans acclimatation graduelle. Les Principautés danubiennes étaient admirablement disposées pour devenir ce rempart et cet objet d'émulation pour la Turquie.

La diplomatie européenne n'aura-t-elle pas quelques reproches à se faire, au moins pour les lenteurs et les embarras qu'elle a apportés à la solution de cette difficulté partielle ?

Dans les lieux, au contraire, où l'autorité du sultan était à relever, les moyens les plus prompts étaient aussi les plus sûrs. Du moment que l'on avait résolu le maintien de l'empire ottoman, qu'on avait prouvé que l'on ne voulait pas en faire la conquête, il ne fallait pas craindre d'en faire résolûment la police. Il fallait montrer aux chrétiens et aux Turcs que par son admission dans la famille européenne, et par son union avec les puissances occidentales, la Sublime-Porte s'était assuré le pouvoir de satisfaire les droits légitimes de tous en s'assurant les moyens de réprimer les impatiences, les actes de rébellion des uns, et de punir les résistances et les actes atroces des autres.

C'est la marche contraire qu'on a suivie. On s'est enfermé dans un respect dérisoire pour cette monarchie sauvée du naufrage ; on s'est plu à la laisser seule aux prises avec toutes ses difficultés intérieures, comme si on n'avait d'autre but que de bien constater aux yeux de ses propres sujets et de ses propres serviteurs, qu'il lui manquait la force ou même la volonté de faire exécuter les ordres qu'elle donnait.

Le résultat ne pouvait être douteux ; l'insurrection générale était inévitable. Les épisodes sanglants dont nous avons déjà eu à gémir ne sont rien auprès de ceux que nous réserverait l'avenir, si ce système d'abstention et d'expectative n'était pas abandonné.

L'Orient ne connaît et ne connaîtra de longtemps encore qu'une seule autorité, la force ; en ne laissant aucun crime impuni, en terrifiant justement les coupables, en permettant enfin l'organisation et le fonctionnement d'une administration intérieure régulière, on aura rendu à l'empire ottoman un service plus sérieux qu'on ne l'aurait fait en lui préconisant sans cesse une intégrité illusoire ; on aura assuré d'abord son existence.

<h2 style="text-align:center">VII.</h2>

Dans nos pays civilisés, où la force du droit l'emporte toujours sur la force du fait, et dans les pays parlementaires surtout, où la séduction d'un mot a quelquefois plus de puissance que la justesse de l'idée, il n'est pas rare de voir le succès d'une question dépendre exclusivement du titre qu'on lui aura choisi.

L'intégrité de l'empire ottoman était un de ces mots, pleins de majesté et vides de sens, destinés d'avance à faire fortune. L'intégrité de l'empire ottoman semblait un corollaire naturel de l'intégrité de l'empire britannique ou de l'empire français ; c'était le droit commun de toutes les nations proclamé de nouveau à propos de la Turquie. Les patriotes des deux côtés du détroit ne pouvaient manquer de se prendre à cette amorce.

De plus, en mettant bien haut l'intégrité de cet empire pour lequel nous avions sacrifié nos armées et épuisé nos finances, faisions-nous autre chose que poursuivre dans la paix le but que nous avions poursuivi dans la guerre ?

Le même mot contenait deux erreurs.

Un empire ne jouit pas de l'intégrité de ses droits, lorsque son gouvernement est impuissant à faire observer ses volontés, à réprimer ou à prévenir les crimes, à faire respecter le droit des gens. Assurer à l'empire turc cette puissance, par quelque moyen que ce soit, c'est lui donner une intégrité qu'il n'a pas.

Un pays dans lequel les abominations de la Canée et de Djeddah se commettent sous les yeux des autorités locales, et où le châtiment se fait attendre ; dans lequel deux de nos consuls sont lâchement et publiquement assassinés , et où les représentants du gouvernement n'osent même pas faire appel à la force dont ils disposent ; un pays, enfin, dans lequel le chef de l'Etat est obligé de mander un officier extraordinaire pour punir chaque crime particulier, où cette justice boiteuse, n'arrivant qu'après que les véritables coupables du crime ont eu le temps de disparaître, n'a pour effet que de faire trembler les bons et de rassurer les méchants ; ce pays, disons-nous, ne possède pas son intégrité, et le seul moyen de la lui donner consiste précisément à rendre impossible le renouvellement de ces atrocités, de ces faiblesses, de ces indignes connivences.

Oui, nous avons fait la guerre de Crimée pour empêcher le *morcellement* de l'empire ottoman, mais non pour créer à ses sujets turcs ou chrétiens une odieuse impunité que des intérêts particuliers décoreraient du nom d'intégrité nationale. En prodiguant le sang de nos soldats, nous avons sous-entendu que l'on devrait désormais se montrer avare du sang de nos coreligionnaires, de nos compatriotes, de nos consuls.

Et d'ailleurs, tous les jours, l'intégrité des empires n'est-elle pas obligée de compter avec cet autre principe bien autrement élevé, tutélaire et rassurant, la solidarité des peuples et de la raison humaine ?

Est-ce de l'intégrité que font les troupes françaises en garnison à Rome, et les troupes autrichiennes en garnison à Ancône ?

Est-ce de l'intégrité que faisaient les escadres anglaise et française, menaçant Naples, demandant des concessions, et surveillant le jugement de deux mécaniciens anglais ?

Les forces de l'Angleterre et de la France n'ont-elles pas dû occuper la capitale même du royaume de Grèce pour y détruire le brigandage et s'efforcer d'y faire renaître l'ordre ?

Enfin l'Angleterre, et ici nous ne saurions l'approuver, a-t-elle bien respecté l'intégrité de l'empire ottoman, lorsqu'elle s'est emparée de l'île de Périm, et que, pesant de tout son poids sur la liberté des mouvements de ce gouvernement, elle s'est opposée à la création du canal de Suez, que demandaient la France et le monde entier, que la Turquie et l'Egypte désiraient, et que réclamaient même les villes commerciales de l'Angleterre ?

Non, l'intégrité des empires ne doit pas cesser d'être respectée ; mais il faut reconnaître que ce principe est aujourd'hui dominé par un principe supérieur, la solidarité de tous les intérêts humains. Les gouvernements ne restent plus isolés au moment du danger ; mais, en retour de cette assistance, ils contractent envers l'humanité tout entière d'impérieuses obligations.

En terminant la guerre de Crimée, nous n'avons accompli que la moitié de notre tâche ; nous avons empêché l'empire d'Orient de mourir, il faut aujourd'hui le faire vivre ; nous avons fait la guerre pour lui, il nous faut aujourd'hui l'aider à faire sa police.

VII.

A l'annonce du crime de Djeddah, un cri universel de réprobation s'est élevé, et l'Angleterre surtout s'est montrée sensible à cet affront fait à nos pavillons, à cette insulte adressée à tous les sentiments civilisés.

Dans la séance de la Chambre des communes du 12 juillet, M. Liddel demande au sous-secrétaire d'Etat des affaires étrangères si le massacre des chrétiens à Djeddah a éveillé l'attention du gouvernement, et, dans ce cas, si l'on a pris des mesures en conséquence.

« La seule information que le gouvernement ait reçue au sujet de ce tragique événement, répond M. Fitzgerald, c'est la dépêche télégraphique qui est entre les mains de l'honorable membre. Malheureusement, il n'y a pas lieu de douter que la nouvelle ne soit exacte.

» Lord Malmesbury a envoyé une dépêche à Malte par le télégraphe, afin de devancer l'arrivée de la malle de l'Inde. Ce message transmet au commandant du *Cyclops*, qui était à Suez, l'ordre de se rendre à Djeddah, et de faire tout ce qui dépendra de lui pour que les auteurs du crime soient traduits en justice.

» En même temps, ajoute-t-il, ordre a été envoyé au capitaine Watson, l'officier qui commande l'escadre indienne, d'envoyer deux bâtiments à Djeddah pour agir de concert avec le capitaine du *Cyclops*, et prendre, si cela est nécessaire, les mesures les plus énergiques. »

En ce moment, l'opinion publique est vivement surexcitée chez nos voisins; l'on n'hésite pas à dire que, puisque la puissance du sultan ne suffit pas pour punir et terrifier les coupables, il faut lui venir en aide; les officiers anglais sont autorisés à prendre les mesures les plus énergiques, et le *Times* regrette que le commandant du *Cyclops* n'ait pas agi d'un façon plus résolue.

Mais, le *Moniteur* français du 15 juillet publie une note relative au massacre de Djeddah, dans laquelle il annonce que le gouvernement français et le gouvernement anglais prennent des mesures pour obtenir une prompte et éclatante satisfaction. Et aussitôt l'irritation semble se calmer de l'autre côté du détroit.

La question revient dans la Chambre des lords du 20 juillet; il ne s'agit plus que du respect dû à la Mecque et à l'intégrité ottomane.

« Lord Stratford de Redcliffe appelle l'attention de la Chambre sur le massacre des chrétiens à Djeddah. Après avoir parlé de la lenteur de la justice en Turquie, il exprime l'espoir que l'on n'a pas l'intention de saisir la Mecque ou quelque objet de vénération que cette ville pourrait renfermer.

» Une pareille mesure ne ferait qu'augmenter la haine entre les musulmans et les chrétiens. Lord Stratford demande aussi si l'on a reçu quelque avis officiel du massacre de Djeddah ; si les ambassadeurs anglais et français ont demandé une réparation à Constantinople, et si, en cas de délai, on prendra des mesures pour obtenir justice. »

Le comte de Malmesbury répond : « Milords, la Chambre pensera comme moi, j'en suis sûr, que ces interpellations ne pouvaient venir plus à propos que de la part du noble lord qui a passé une vie remplie par d'éminents services à combattre les funestes influences dont nous voyons aujourd'hui les fruits.

» Il y a huit jours, je reçus de bonne heure une dépêche télégraphique (Vos Seigneuries l'ont sans doute lue) relative au massacre de chrétiens récemment commis à Djeddah. Sans perdre un seul instant, j'envoyai une dépêche télégraphique à sir H. Bulwer, lui prescrivant, si les faits dont on avait donné le récit s'étaient réellement passés, de ne pas souffrir que le gouvernement du sultan les traitât légèrement, et d'exiger une réparation immédiate.

» Mon noble ami m'a demandé ce qu'a fait le gouvernement de Sa Majesté dans cette affaire, comment il a agi, et si nous avons demandé à la Porte une réparation immédiate. Je suis bien aise, Milords, de dire qu'il n'était pas besoin d'appeler l'attention du gouvernement sur cette affaire, pour qu'il prît en main, avec un énergique sentiment d'indignation, la cause des victimes.

» Sans détailler les pourparlers qui ont eu lieu pendant quelques jours, il me suffira de dire qu'un pacha a été envoyé d'Egypte à Djeddah avec un nombre considérable de troupes, pour réprimer toute espèce d'insurrection fanatique.

» Conformément aux vives remontrances du gouvernement anglais, il a été armé d'un pouvoir de vie et de mort pour appliquer la peine capitale à tous les coupables qui lui paraîtraient mériter ce châtiment à Djeddah, sans en référer à Constantinople, ce qu'autrement il eût été obligé de faire d'après les lois du pays.

» Je crois donc, pour ma part, que nous n'aurons pas grand'peine à engager le gouvernement ottoman à obtenir justice et à punir. Il agit en ce moment avec énergie, et sir H. Bulwer est convaincu que le pacha exécutera les ordres qu'il a reçus avec la plus grande promptitude et une extrême vigueur.

» Quant aux bruits d'insurrection qui auraient eu lieu à la Mecque ou ailleurs, et aux troupes que le gouvernement de Sa Majesté aurait envoyées là, ils sont dénués de toute espèce de fondement. La Chambre est convaincue, je l'espère, sans qu'il soit besoin d'aucune assurance de ma part, que notre but est d'assurer l'intégrité de l'empire turc, et en même temps d'encourager et d'aider le sultan à poursuivre les réformes suggérées par lord Stratford de Redcliffe. »

Nous n'ajouterons rien à ces rapprochements. Seulement, si la crainte de voir des forces françaises coopérer

avec les forces de l'Angleterre à poursuivre le châtiment
des coupables et à infliger une terreur salutaire à ces populations fanatiques, avait suffi pour calmer les impatiences et l'irritation de nos voisins, il nous serait permis
de le regretter. Ce n'est pas en se divisant que l'Europe
civilisée parviendra à maintenir dans le respect la barbarie
musulmane ; c'est au contraire en s'unissant dans une
même pensée et dans un commun effort qu'elle peut
espérer d'atteindre ce but.

Que nos appréciations soient ou non fondées dans cette
circonstance, nous ne pourrons que faire un appel aux
sentiments nobles et désintéressés de notre alliée, et l'engager à renoncer à ces rivalités sourdes et latentes qui ne
pourraient que compromettre gravement l'influence que
la civilisation de l'Occident doit exercer dans les pays
orientaux. Le champ est assez vaste ; il y a place pour
tous.

Jusqu'à présent, toutes les fois que le grave problème,
qu'on a appelé la question d'Orient, s'est présenté en face
de l'Europe, on s'est efforcé de le restreindre et de le lo-
caliser ; on a voulu fermer les yeux sur l'état réel du malade, on a craint d'avoir un traitement général à appliquer, et l'on s'est contenté de poser un fer brûlant sur une
plaie saignante. Selon nous, on a eu tort.

Lorsqu'une question fatale, inéluctable se dresse pério-
diquement devant nous et demande impérieusement à être
résolue, il ne faut pas redouter de l'embrasser dans

son ensemble ; les demi-mesures sont toujours funestes, et l'audace est bien souvent la meilleure des prudences.

Mais lorsque cette question est de nature à soulever des prétentions et des rivalités nombreuses, lorsqu'elle touche en réalité aux intérêts du monde entier, il devient indispensable de lui donner sa véritable importance et sa véritable étendue, afin de pouvoir faire une place à tous les droits et à tous les intérêts. C'est ainsi que l'on voit un général habile ne pas craindre de développer sa ligne de défense et de multiplier ses points attaquables, afin de diviser les efforts des assaillants et d'éviter le feu convergent d'une artillerie trop nombreuse.

Cette tactique, que la théorie indiquerait au besoin, nous est aujourd'hui imposée par les événements eux-mêmes qui semblent se défier de notre sagesse.

En 1840, cette éternelle question d'Orient, que nos pères avaient entrevue à l'époque des Croisades, attire l'attention de l'Europe. Mais il ne s'agit que d'une province turque, de l'Egypte. Nous n'avons pas besoin de rappeler comment l'on parvint à adopter une solution qui, en définitive, ne satisfit personne.

En 1854, la fameuse question revient à l'ordre du jour ; mais cette fois il ne s'agit plus d'une province isolée, mais de l'empire ottoman tout entier. L'Europe aura à prononcer sur lui sa sentence d'être ou ne pas être, *to be or not to be.*

Mais à peine la paix est-elle signée, à peine une halte a-t-elle été marquée, qu'il faut se remettre en marche, et cette fois la question a pris ses véritables proportions.

En 1858, c'est l'Asie tout entière qui vient demander à l'Occident la miséricorde de sa force, de sa raison, de son appui, de sa colère et de ses justes sévérités.

Si, enfermées dans la mer Noire et la Méditerranée, les ambitions de l'Angleterre, de la France et de la Russie s'y trouvaient à l'étroit, qu'elles s'adressent à l'immensité du monde asiatique, elles pourront s'y donner une libre carrière.

De plus, si dans l'état primitif de la question, elles ont pu croire avoir intérêt à se nuire et à se combattre, placées aujourd'hui sur un terrain plus vaste, elles sentiront la nécessité de s'unir et de se fortifier l'une par l'autre. Enfin, il n'est pas jusqu'à l'insurrection indienne qui ne soit venue, comme un enseignement terrible, faire comprendre à l'Angleterre qu'une nation, quelque puissante qu'elle fût, ne pouvait raisonnablement avoir, nouvel Atlas, la prétention de supporter seule le poids du monde.

VIII.

Le protectorat, que l'Europe civilisée aura à exercer sur tout ce qui n'est pas elle, ne doit laisser aucun élément barbare en dehors de son cercle d'activité, qui commencera au Danube pour finir au fleuve Amour.

La Grèce, l'Egypte, les Principautés danubiennes ont été nos premières étapes où nous avons placé des sentinelles vigilantes, et sur lesquelles nous n'avons pas cessé de veiller nous-mêmes.

L'empire ottoman raffermi, soutenu et un jour réellement constitué par nous, sera notre avant-garde et comme un pont jeté entre la barbarie et la civilisation. Il devra montrer au monde asiatique la bannière déployée de l'islamisme, éclairée par la lumière de l'occident.

Il nous reste à enserrer l'Asie entière dans un vaste anneau civilisateur qui l'étreindra dans tous ses repaires et qui projettera ses rayons lumineux dans la nuit ténébreuse dont elle s'enveloppe. Il nous faut choisir sur tout son littoral des points importants qui seront comme des fragments détachés du sol européen, sur lesquels nous élèverons des établissements militaires et commerciaux, qui seront en même temps les arsenaux où nos forces maritimes trouveront un lieu de repos et de ravitaillement, les lieux de refuge où nos nationaux trouveront un appui et une protection toujours prête, un entrepôt et un marché toujours ouverts, et qui seront les phares disposés à l'avance pour guider nos nouveaux argonautes à la conquête de cette nouvelle toison d'or.

Un regard rapide jeté sur la carte nous indiquera les points principaux où nous devrons planter le pavillon de la civilisation.

Parmi ces points, les uns appartiennent déjà à des puissances civilisées ; les autres sont au pouvoir de puissances amies, qui auront tout intérêt à nous faciliter cette installation pacifique ; d'autres, enfin, devront être viocmment arrachés à des peuplades sauvages avec lesquelles toutes les nations commerçantes ont un compte de sang à régler, et qui ne doivent qu'à nos rivalités et à nos divisions intestines la longue impunité de leurs méfaits et de leurs atrocités.

Au début, et avant toute chose, le canal de Suez se creuse et permet aux flots de la Méditerranée d'aller régénérer les flots de cette autre mer que les massacres de Djeddah viennent de rougir du sang de nos consuls. Nos vaisseaux s'ouvrent à travers l'isthme une voie raccourcie vers les foyers de la barbarie, et l'Angleterre comprend enfin qu'en se rapprochant de ses possessions indiennes, elle resserre le lien qui menace de se détacher.

IAMBO, en Arabie (Hedjaz), sur la côte orientale de la mer Rouge, est le premier point où nous laissons un dépôt de nos forces. Cette ville, qui fait un commerce assez important avec l'Egypte, est le port de Médine.

DJEDDAH , où nous trouverons encore les traces du crime, est notre seconde station. Ville sainte et ville maudite, à 90 kilomètres de la Mecque, dont elle est le port, elle apprendra que si nous laissons à chacun son culte et ses croyances, nous ne laissons à personne le soin de protéger nos coreligionnaires et nos nationaux. Entrepôt de cafés, de gommes et des marchandises de l'Inde ; commerce d'esclaves ; population de 12 à 15,000 habitants.

SOUAKIN, en Nubie, sur la rive occidentale de la mer Rouge, nous fait faire face au Sennar africain. 10,000 habitants ; bon port, fréquenté par les marchands d'esclaves et de cafés ; pêcheries de perles.

MOKA, ville forte d'Arabie (Yémen), près de la sortie du détroit de Bab-el-Mandeb. 7,000 habitants ; son com-

merce déchoit; factoreries anglaises, françaises et da-
noises. L'influence anglaise y prédomine.

ADEN, que les Anglais possèdent déjà depuis 1839 et
que nous n'avons, par conséquent, à citer que pour mémoire.

PÉRIM, dont ils viennent de s'emparer en dépit de l'intégrité ottomane tant vantée. Petite île dont les feux se
croisent avec ceux d'Aden, et qui pourra devenir le Gi-
braltar de l'Orient.

ZANZIBAR (île de), dans la mer des Indes, près la côte
de Zanguebar. Elle appartient à l'iman de Maskate, ami
des Européens. 50,000 habitants, climat agréable. Le chef-
lieu de l'île est Zanzibar, bon port, 10,000 habitants.

MADAGASCAR (île de), à l'est de l'Afrique, dont elle est
séparée par le canal de Mozambique, rendue fameuse par
ses atrocités envers les Européens; la France y a toujours
maintenu ses droits et possède encore à quelques milles
l'établissement de Ste-Marie. Cette île est voisine de nos
possessions de la Réunion et de notre ancienne colonie de
l'Ile de France. La population est de 3 à 4 millions d'habitants.

MASKATE, en remontant vers le nord, sur la mer d'O-
man (Arabie), ville forte, 60,000 habitants. Commerce
important, entrepôt de la côte est de l'Afrique, des Indes
et de la Malaisie. Le commerce français y entretient de
nombreuses relations.

GOLFE PERSIQUE. Un point sur la côte d'Arabie ou une
île près de la côte serait à choisir.

PERSE et HINDOUSTAN. Nous n'avons aucun point à indi-
quer sur les rives de cette vaste péninsule. La Perse a

déjà avec nous des traités de commerce. Les Anglais, les Hollandais et les Français occupent dans tout l'Hindoustan de vastes provinces qu'ils n'ont qu'à savoir conserver. Nous passons devant Surate, Bombay, Mahé, l'île de Ceylan, Pondichéry, Calcutta, Chandernagor, et nous arrivons à l'empire Birman, que des intérêts opposés à ceux de l'Inde anglaise poussent vers la France.

RANGOUN, ville forte de l'empire Birman, à 50 kilom. de l'embouchure de l'Irraouady ; 40,000 habitants ; chantiers de construction ; bon port; grand commerce. Rassuré contre tout projet de conquête territoriale, ce point nous offrirait une station navale de premier ordre.

SINGAPOUR, à l'extrémité de la presqu'île, sur le détroit de Malacca, possession des Anglais; port franc, très-florissant, ouvert à tous les pavillons ; vastes chantiers de construction; commerce très-important; 35,000 habitants.

BORNÉO (île de), située dans la grande Malaisie, occupée sur quelques points par les Hollandais, attaquée à plusieurs reprises par les vaisseaux de la Grande-Bretagne, objet de convoitise encore pour elle en ce moment, à cause de son importance, de sa situation géographique, de ses riches mines métallurgiques, et de ses précieux gîsements de houille, que l'on dit assez puissants pour fournir de combustible toute la marine européenne. Cette île deviendrait une de nos plus utiles stations. Elle renferme de 3 à 4 millions d'habitants, produit en quantité des bois de construction, du gutta-percha, du riz, du coton, de l'antimoine, de l'étain, du poivre, du gingembre, du camphre, et en général toutes les espèces de drogueries, de minerais et autres produits.

Bankok, *la ville des jardins*, capitale du royaume de Siam, port sur le Menam, dans le golfe de Siam ; 350,000 habitants ; arsenal maritime, commerce assez important. L'entrée du port n'est permise qu'à un nombre restreint de navire portugais.

Quinhon, dans l'empire d'Aunam, que la France et l'Espagne ont à châtier ; 8,000 habitants. Exportation de riz et de soie.

Formose (île), appartenant à la Chine, dont elle n'est distante que de 150 kil., et dont elle est séparée par le canal de Fou-Kian ; 2,500,000 habitants. Sur la côte occidentale se trouve Thay-Ouan, chef-lieu, avec un bon port ; Thay-Ouan passe pour une des premières villes de Chine. Cette île pourrait nous servir de base pour nos opérations commerciales et militaires avec le Céleste-Empire.

Corée. La Corée nous appelle, et nous offrirait un point pour dominer la mer Jaune et faire face à Pékin.

Nangasaki, ville du Japon, capitale de l'île Kiou-Siou, 50,000 habitants, avec un bon port à l'ouverture du détroit de Corée, qui nous assurerait le passage dans la mer du Japon.

Matsmai ou Nakodadi, ville du Japon, à l'extrémité de l'île Yesso ; 6,000 habitants ; beau port commandant la mer du Japon.

Et enfin, en remontant encore, nous arrivons au fleuve Amour, où nous nous retrouvons, dans les possessions russes, en face de la civilisation européenne.

Nous ne parlerons de l'Océanie que pour mémoire, dans la crainte de sortir du cadre que nous nous sommes tracé ; nous l'indiquons seulement, afin de constater que nous avons encore dans cette partie du globe des mondes presque inconnus à exploiter au profit du commerce, de la marine et de la civilisation. Nous ajouterons que, par une action commune, nous verrions cesser immédiatement ces luttes dans lesquelles les Anglais prennent naturellement la part la plus active, et qui ont plusieurs fois fait naître de graves dissensions, témoin l'affaire de la reine Pomaré, de Pritchard et autres fanatiques orgueilleux ou ambitieux que nous pourrions citer. Ce protectorat, que nous appelons de tous nos vœux, serait donc un gage certain de paix et assurerait une immense conquête au commerce et à l'influence de l'Europe.

Telle est l'immense chaîne dont il nous faut entourer la barbarie ; telle est la croisade qu'il nous faut entreprendre ; telle est la gloire qui nous est réservée.

Les moyens à employer pourront varier, mais la nécessité de la coopération de toutes les grandes nations est définitivement jugée. Cette idée généreuse, émise pour la première fois, croyons-nous, par le journal l'*Observateur* en août 1857 (1), alors qu'il ne s'agissait encore que des embarras suscités par l'insurrection indienne et par les résistances de la Chine, a dû nécessairement s'agrandir devant les désordres qui désolent tout l'Orient. Accueillie d'abord avec étonnement, elle ne surprend ni n'effraie plus personne aujourd'hui ; elle nous

---

(1) Voir l'*Observateur*, numéros des 19, 22 et 26 août 1857.

paraît destinée à faire le tour du monde et à conquérir
tous les esprits.

IX.

Toutefois, n'oublions pas que nous vivons en l'an de
grâce 1858, et que nous nous adressons à nos contempo-
rains. Nous avons parlé de nos devoirs; il nous faut parler
de nos profits.

Ici, comme toujours, le juste et le vrai seront aussi
l'utile et le bon.

Jusqu'à présent nous nous sommes épuisés en efforts
pour nous disputer des lambeaux de terre et des coins de
royaumes; aujourd'hui, c'est le monde entier que nous
voulons mettre en plein rapport, et nous attribuer, par la
conquête du travail et de la justice; ce que nous avons
réalisé chez nous, il nous faut le tenter sur la surface entière du globe. Et si, pour cet effort gigantesque, le concours de tous est réclamé, dans cet empire aussi il y a
place pour tous.

Dans ces ports, où nous aurons fait flotter le pavillon
neutre de la civilisation, tout homme, quelles que soient

sa nationalité et son origine, jouira de droits égaux, disposera librement des fruits de son industrie, à la seule condition de se conformer aux injonctions sacrées, aux lois immuables de la conscience humaine.

Dans ce bazar universel, où tous les peuples viendront pratiquer l'échange de leurs idées et de leurs marchandises, les petits comme les grands auront droit de cité; chacun cessera, pour ainsi dire, d'être citoyen de telle république ou sujet de telle monarchie, pour y devenir citoyen du genre humain.

L'activité pacifique, industrielle, laborieuse, de tous les Etats et de tous les individus, trouvera dans ces rapports incessants une occasion de développements infinis et de bénéfices continus. Mais si une réunion d'hommes doit surtout profiter de cette liberté des mers, de cette ouverture des détroits, de cette fondation de tant d'entrepôts, de cette création de tant de marchés, c'est, à coup sûr, la race anglo-saxonne.

En se montrant jalouse envers les autres nations, l'Angleterre se montre injuste envers elle-même. Ne sait-elle pas mieux que tout autre que ses hardis spéculateurs seront les premiers à s'emparer de ce trafic inépuisable ? Pendant que nos commerçants en seront encore à demander des subventions à l'Etat, les marchands de la Cité auront déjà établi des comptoirs sur tous les points, et amené dans la Tamise cet immense courant commercial.

En hésitant, l'Angleterre se montre oublieuse des principes mêmes sur lesquels repose sa puissance. Sa fortune

est basée sur le travail et sur l'échange ; or, *les produits ne s'achètent qu'avec des produits, le travail
ne se paye qu'avec du travail* ; en arrêtant l'industrie
des autres peuples, elle rend la sienne propre stationnaire ; ce n'est qu'en laissant toutes les nations s'enri-
chir qu'elle parviendra à accroître elle-même sa richesse;
en cherchant à les appauvrir, elle prépare sa misère et la
décadence de sa grandeur.

L'Angleterre a été la première à poser les principes de
cette science économique qui nous a fait connaître les
lois harmonieuses de notre organisme social ; refusera-
t-elle aujourd'hui d'en accepter les conclusions, par cela
seul qu'elles sont consolantes et bonnes pour tous?

X.

CONCLUSION.

Rassurée sur ses intérêts matériels, l'Angleterre n'aura
plus qu'à écouter la grande voix de sa dignité, de sa
conscience, de sa philanthropie ; elle a souvent paru pré-
céder la France et la Russie dans la voie du progrès ; elle
ne saurait aujourd'hui se laisser devancer par elles.

D'ailleurs, qu'elle ne s'y trompe pas, tous les peuples en sont arrivés à posséder la connaissance exacte de leurs besoins et de leurs droits ; ils savent qu'ils ont tout à gagner dans un accord fraternel et tout à perdre dans ces mesquines rivalités où leur énergie s'est usée trop longtemps. Ils ont cherché, et ils ont presque tous réussi, à établir dans leurs frontières la justice et l'égalité ; ils veulent à présent que la justice et l'égalité règnent également parmi les nationalités. Ils ont tous aujourd'hui la même foi, la même ambition, le même but, à savoir : le progrès et la civilisation ; ils sont en droit de s'écrier : qui n'est pas avec nous est contre nous.

Les trois grandes puissances qui établissent l'équilibre du monde, doivent, sur le sol ensanglanté de la Crimée, avoir fait abandon de leurs sujets surannés de suspicion, d'éloignement et de haines politiques ; elles peuvent désormais marcher unies dans une seule et même voie. La Russie, que la sagesse et l'intelligence de son empereur guident vers les réformes et les conquêtes de l'esprit moderne, peut sans crainte tendre la main à la libérale Angleterre ; et elles peuvent toutes les deux venir au devant de la France, qui s'est assuré dans ses institutions démocratiques des bases larges, équitables, définitives, et dont la capitale, grâce à la sagesse et à la fermeté de Napoléon III, est devenue le centre commun où se réunissent les congrès, et vers lequel les peuples opprimés tournent leurs regards et leurs espérances.

Il s'agit d'une croisade pacifique, avons-nous dit ; mais cette croisade, entreprise par un seul, perdrait son carac-

tère. Pour réussir et pour être juste, il lui faut l'union et le concours de tous. Que l'Angleterre protestante et parlementaire, que la France catholique et représentative, que la Russie orthodoxe et autocratique agitent l'oriflamme, et l'Europe entière les suivra.

La grandeur de l'Angleterre lui rend la neutralité impossible. Elle nous l'a dit elle-même ; elle possède dans ses bassins des flottes capables de remplir tous les océans ; si son aide est à désirer, la rivalité de son pavillon, dans les mers que nous voulons parcourir, nous serait trop dangereuse. Qu'elle prenne donc un sage parti : qu'elle cesse de nous fermer les détroits, de nous barrer les isthmes ; qu'elle cesse de croire enfin que l'Angleterre suffit à l'univers et que l'univers suffit à peine à l'Angleterre.

Soumettre l'Orient à l'influence de nos mœurs et de nos lois ; assurer l'ordre et la vitalité de l'empire ottoman, faire de cet empire la première étape de la civilisation contre la barbarie ; enfermer l'Asie dans un cercle de possessions européennes, d'où rayonneront le commerce, la sécurité et les lumières ; telles sont les conquêtes qui tentent notre époque et dans lesquelles l'Angleterre trouvera, plus qu'aucune autre nation, une large part de bénéfice et de gloire.

En se mettant à la tête de cette croisade, qui servira également les intérêts de tous les peuples, la France ne fait qu'obéir à ses instincts et à ses traditions. Ce que Napoléon Ier voulait exécuter par la guerre, Napoléon III l'accomplira par la paix. L'égalité parmi les nationalités, c'est la politique française et napoléonienne.

Et c'est parce que nous espérons que cette politique sera comprise, c'est parce que nous pensons que le temps est venu où la lumière doit se faire, où les dernières résistances doivent tomber, que nous nous croyons en droit de dire aux nations que les grandes fêtes françaises ont rendues attentives : Rassurez-vous, Cherbourg, c'est encore la paix.

FIN.

Paris.— Imprimerie de Schiller aîné, rue du faubourg Montmartre, 11.